Índice

Cosas de antes
Tren de los tatarabuelos
Los niños de ayer y los de hoy

Segundos, minutos, horas, días, meses...
Don Segundo
Problema
Abril
Mayo

Las estaciones
Invierno en el mar
A la prima Primavera
El hombre de nieve

Después
Después...
Todo espera que te espera

© GLORIA FUERTES
Ilustraciones: Rocío Martínez

© SUSAETA EDICIONES, S.A.
Campezo s/n – 28022 Madrid
Tel.: 913 009 100 – Fax: 913 009 118
Impreso en la UE

LEE con **Gloria Fuertes**

¡Qué patas tiene el tiempo!

Ilustra: Rocío Martínez

Tren de los tatarabuelos

—Piii ¡Qué humareda!
Una enorme chimenea.
Una nube de humo blanco
sobre la máquina negra.

Así era,
el tren del tatarabuelo,
tren de la tatarabuela.

Tren de vapor,
va por, campos,
va por, cerros,
va por, puentes.

¡Tren chimeneo!
Dice la abuela Rufina,
que este tren con chimenea
funciona sin gasolina.

Corre una barbaridad
y sin electricidad.

El tren acaricia un monte,
cruza un río.
¡Cierra las ventanillas,
que hace frío!
Otra curva.
¡Agarra la barra!
Que viene un túnel estrecho,
tú no asomes la cabeza
que te quedas sin pescuezo.

¡Qué oscuridad! ¡La cabeza!
Ya no vemos la belleza.
No andes por el pasillo,
te puedes caer, chiquillo.

¡Cruza una vaca la vía!
¡Qué avería tía María!
¡Qué frenazo!
(El ilustre maquinista
pudo evitar el tortazo).

—¡Piii, piii!
(Esto es como el tren de Arganda,
porque pita más que anda).

Justo a la mitad de Castilla,
nos comemos la tortilla.
Se oyen dulces campanillas
—las ovejas, las esquilas,
las cabras y las vaquillas,
el trigal y la amapola—.
¡Bisss, bisss!
¡Ahora va a veinte por hora!
El jefe de la estación
toca el pito.
Ha sido un viaje bonito,
aunque llegamos negritos,
debido a la carbonilla.
Para el tren en la estación
y se acaba la función.

Los niños de ayer y los de hoy

Se cambió el cabás por la mochila,
el catón, por el ordenador.
Los libros de papel malo
—sin un dibujo siquiera—
por maravillosos tomos a color
—que valen seis mil pesetas.

Hoy, el bocata alucinante.
Ayer, el pan con chocolate.
Hoy, audivisual que da gloria,
ayer, tostón del libro de Historia.

¿Recreo?... No había sitio
—nuestro colegio era un piso—.
Y deporte... No existía eso;
hoy, canchas de tenis, fútbol,
baloncesto.

Los niños de hoy,
¿sabrán más mañana?
—No sé. Pero me alegro, me doy cuenta,
que tienen de todo lo que no teníamos
en los años cuarenta.

Espere un segundo,
don Segundo.
Me voy a duchar,
me voy a vestir,
me voy a calzar,
me voy a estudiar.

Y don Segundo se cansó de esperar
y se convirtió en una hora.

Problema

Una noche muy oscura,
el Lunes fue a ver al Martes
para preguntarle por el Miércoles;
el Martes dijo que se lo preguntara al Jueves.
El Jueves dijo: —¡No sé!
Por allí se acerca el Viernes con el Sábado también.
¡Buscamos al Miércoles!
¿Le habéis visto antes?
—Preguntádselo al Jueves
que le tiene delante.
Y cuando todos lo buscaban en la noche,
llegó el día tan campante.

Abril

Desde que empezó el mes de abril,
las flores se estropean en el jardín.

Llueve, llueve y escampa
y vuelve a empezar.
¡Y yo sin saber nadar!

Mayo

¡Ya estamos en mayo,
mayo florido,
entre todos los meses,
mi mes querido!
Mes de alegría,
porque a ti se dedica,
Virgen María.
Yo, buscando qué regalarte,
he formado este ramo
que vengo a darte.
No mires que no son muy bellas,
mira todo el cariño
que he puesto en ellas.

Las estaciones

Invierno en el mar

Cuando madrugo,
en la playa,
hay huellas de patitas de gaviotas,
que vienen a comer soledad
y a beber espuma de las olas.
¡Qué dibujos hacen sus patitas
en la arena,
voy saltando,
destruirlos me da pena!

Cuando vienen los niños y gritan
y juegan con la pelota,
no queda una gaviota.

En el invierno
es triste ver la playa solitaria,
sin aves,

es más triste ver una playa sin niños
ya lo sabes.

A la prima Primavera

—Tío Pío,
en el "cole" me han pedido
que escriba una poesía
a la prima Primavera.
¿Tú quieres que te la lea,
y me dices lo que opinas?
—Sí, sobrina.

Se oye un pío, pío, pío,
junto a la orilla del río.
¡Oh!, cosa maravillosa,
los árboles tienen hojas,
las mariposas tienen ojos,
la ristra tiene ajos.
Junto a la orilla del río
todo es belleza y sonrío,
se oye un pío, pío.
La Primavera ha venido
y yo la he reconocido,
por el pío, pío, pío.

—¿Qué te ha parecido, tío?
—Demasiado pío, pío.

El hombre de nieve

Los niños hicieron
un hombre de nieve,
con brazos y piernas
y sombrero verde.

Lo hicieron muy gordo,
con una sonrisa,
muy grande, muy prieto,
y se le veía
desde todo el pueblo.

No nieva, no llueve,
salió el sol un día
y el hombre de nieve
ya no se reía.

El hombre de nieve
empezó a adelgazar,
los rayos del Sol
le sentaban mal.

El hombre de nieve
se iba deshaciendo,
y lloraba arroyos
desapareciendo.

El hombre de nieve
se convirtió en lago,
donde los niños se bañan
durante el verano.

Después

Después de esta vida, después...
pasará eso...
Los ratones del barrio pobre
irán a un cielo de queso.

Los conejos que han sido buenos
irán a un cielo de zanahorias.

Los burros delgaditos que han sido buenos irán a un cielo de paja.

Los golosos que han sido buenos irán a un cielo de caramelo.

Los niños que han sido buenos no irán a ningún sitio... ¡¡Porque no se van a morir!!

Todo espera que te espera

Todo espera que te espera,
a la ola,
la playa con su arena.

Espera ser flauta el pito,
el huevo espera ser pollito,
la flor espera ser pera.

**El gusano de seda espera ser capullo,
el capullo espera ser mariposa,
la mariposa espera ser otra cosa,
la otra cosa espera ser otoño,
el otoño espera ser invierno,
el invierno espera ser cuaderno,
el cuaderno espera ser libro,
el libro espera ser leído.**